SAINT LIÉ

SON HISTOIRE ET SON CULTE

Par l'Abbé NOIRET

ANCIEN CURÉ DE MOHON

NOUVELLE ÉDITION PUBLIÉE AVEC L'AUTORISATION
DE SON ÉMINENCE Mgr LE CARDINAL LANGÉNIEUX, ARCHEVÊQUE DE REIMS

In memoriâ erit Justus,
La mémoire du Juste sera éternelle.
(Ps. CXI, v. 7)

CHARLEVILLE, IMPRIMERIE A. POUILLARD

1887

SAINT LIÉ

SON HISTOIRE ET SON CULTE

Par l'Abbé NOIRET

ANCIEN CURÉ DE MOHON

———

NOUVELLE ÉDITION PUBLIÉE AVEC L'AUTORISATION
DE SON ÉMINENCE Mgr LE CARDINAL LANGÉNIEUX, ARCHEVÊQUE DE REIMS

———

In memoriâ erit Justus.
La mémoire du Juste sera éternelle.
(Ps. CXI, v. 7)

———

CHARLEVILLE, IMPRIMERIE A. POUILLARD

—

1887

PRÉFACE

A peu de distance de Mézières, on remarque un village assez élégamment bâti, qui prend tous les jours de l'importance et devient un grand centre de population. Les voies ferrées avec leurs services et leurs travaux multiples, l'industrie avec ses admirables progrès, y attirent des habitants de toutes les parties de la France et de la Belgique.

Depuis longtemps déjà ce village, appelé Mohon, était célèbre par son pèlerinage de saint Lié. On y voyait et l'on y voit encore accourir des multitudes de personnes, surtout le lundi de Pâques et le lundi de la Pentecôte.

Mais si l'on demandait aux pieux voyageurs qu'est-ce que saint Lié, en quel temps, dans quel pays il a vécu, quelle est l'origine, quelle est l'histoire de son culte, presque tous seraient embarrassés pour répondre.

Les pèlerins n'ont généralement qu'une idée très-vague sur ces différentes questions ; et s'ils connaissaient davantage le Bienheureux dont ils implorent l'assistance, ils lui rendraient encore de plus dignes honneurs. Frappé de cette considération, j'ai cru devoir publier une notice sur la vie, les reliques, la confrérie et le pèlerinage de saint Lié ; cette notice résume l'histoire du Bienheureux et de son culte.

Les religieux Bénédictins, dont on connaît la vaste érudition, se sont occupés de notre héros ; j'ai consulté leurs ouvrages, et j'ai été secondé dans mon travail par les savantes recherches de dom Albert Noël, religieux de l'ordre même de St-Benoît, à l'abbaye de Solesmes ; je puis dire que si ma notice n'a pas un grand mérite littéraire, elle a du moins le mérite de n'être composée que d'après les documents et les témoignages les plus certains.

Cet opuscule tombera peut-être sous les yeux de personnes peu croyantes qui, voyant des miracles dans la vie de saint Lié, seront tentées de nous accuser de simplicité. Qu'elles me permettent un mot sur la question des miracles. Quand on reconnaît l'existence d'un Dieu créateur de l'Univers, on est obligé d'admettre que Celui qui a établi les lois de la nature, peut y déroger quand il lui plaît. Il peut, comme tout législateur, suspendre ses lois dans des circonstances particulières, retirer, par exemple, au feu la vertu de brûler, aux corps la pesanteur ; il pourrait conserver une personne dans les flammes, empêcher un roc de l'écraser, la soutenir sur les eaux, et la nature ne souffrirait pas plus de ces dérangements passagers qu'une loi ne souffre des exceptions, des dispenses particulières accordées par le dépositaire de l'autorité pour des motifs raisonnables.

D'ailleurs, en communiquant à ses créatures un pouvoir limité, Dieu ne s'est pas dépouillé de sa toute-puissance. Cause première de tout ce qui existe, il peut exercer par lui-même une action qu'il exerce par les causes secondes. Quelques détails mettront cette vérité dans tout son jour.

Celui qui a donné à la terre son inépuisable fécondité ; Celui qui fait naître, croître et mûrir les moissons par l'action lente, successive de certains agents naturels, comme l'humidité et la chaleur, pourrait évidemment opérer ce prodige par sa seule volonté, en se passant des causes secondes; il pourrait, d'une manière instantanée, multiplier quelques grains, quelques pains; et si cela arrivait, ce serait un miracle.

Celui qui a communiqué une certaine science aux médecins, une certaine efficacité aux remèdes, n'en reste pas moins le maître absolu de la vie et de la mort; et s'il jugeait à propos d'opérer des guérisons sans moyens naturels, rien ne l'en empêcherait.

Il n'y a certainement pas de prodige plus extraordinaire que la résurrection d'un mort; cependant le simple bon sens nous dit que si Dieu a pu nous tirer du néant, il peut, à plus forte raison, ranimer des membres glacés, et rendre la vie qu'il avait donnée. On ne peut donc nier la possibilité des miracles sans nier la puissance et même l'existence de Dieu.

Voici ce que disait, sur cette question, un philosophe qui, certes, n'est pas suspect de crédulité, Jean-Jacques Rousseau : *Dieu peut-il faire des miracles, c'est-à-dire peut-il déroger aux lois qu'il a établies? Cette question, sérieusement traitée, serait impie si elle n'était absurde; ce serait faire trop d'honneur à celui qui la résoudrait négativement que de le punir il faudrait l'enfermer.*

Dieu, qui peut opérer des miracles par lui-même peut en opérer par ses envoyés, par ses saints. I en a opéré une multitude dans les premiers siècles de l'Église, parce qu'alors ils étaient plus nécessaires pour établir la religion ; il en a opéré dans tous les temps, et notre dix-neuvième siècle lui-même a vu le curé d'Ars avec sa vie toute prodigieuse et ses innombrables miracles ; on peut interroger les témoins ; la plupart vivent encore et sont là pour attester la vérité.

CONSÉCRATION DE L'OUVRAGE A SAINT LIÉ

O grand Saint, du séjour de la gloire où vous régnez, daignez jeter un regard favorable sur ce petit ouvrage que nous vous consacrons ; nous avons écrit ces quelques pages pour faire connaître les vertus que vous avez pratiquées, les prodiges que vous avez opérés pendant votre vie, et qui se sont continués de siècle en siècle depuis votre mort. Puissions-nous, à la vue de la récompense dont vous jouissez, nous exciter à marcher sur vos traces dans la voie qui conduit au bonheur !

PREMIÈRE PARTIE

VIE DE SAINT LIÉ

CHAPITRE Iᵉʳ

Naissance de saint Lié. — Son enfance. — Son entrée dans un monastère.

Saint Lié naquit dans le Berry (1) sur la fin du cinquième siècle, vers l'an 485. Son père s'appelait Cyrice ; le nom de sa mère nous est inconnu. Pauvres des biens du monde, ses parents étaient riches des biens du Ciel, et remarquables par leur piété et leur attachement à la foi catholique.

L'enfant reçut au baptême le nom de Lié ; et il eut le bonheur de sucer la vertu avec le lait. Quand son intelligence eut commencé à se développer, ses parents lui apprirent les mystères et les devoirs du christianisme. Ils déposèrent dans son cœur les premiers principes que tous les parents devraient graver dans le cœur de leurs enfants : ils lui inspirèrent l'horreur du péché, la crainte de Dieu, puis insensiblement un grand mépris pour la terre et un désir ardent des biens éternels.

---

(1) Le Berry est situé au centre de la France.

Pénétré de ces bons sentiments, prévenu des bénédictions divines, Lié, dès son enfance, donnait des marques d'une grande piété. On le voyait souvent dans les *églises*; prosterné aux pieds des autels, il y passait des heures en prières.

Déjà il se sentait une vocation spéciale qui se dessinait de jour en jour. Poussé donc par une inspiration céleste, à peine âgé de douze ans, il quitte le troupeau dont son père lui a confié la garde, puis il se rend dans un monastère de la Sologne, entre Bourges et Orléans. Il s'adresse à l'abbé, qui s'appelait Trièce, et se jetant à ses pieds il lui demande, avec les plus grandes instances, la grâce d'être reçu dans sa communauté.

L'abbé l'écoute avec plaisir, mais craignant qu'il ne soit encore trop jeune pour soutenir les austérités de la vie religieuse, il lui dit qu'il faut attendre quelque temps.

Le refus ne fait qu'enflammer la sainte ardeur du postulant. *Eh quoi, mon père,* lui dit-il, *voulez-vous que je demeure plus longtemps dans un monde où il y a tant de difficultés de servir Dieu et tant de dangers pour le salut? Je suis jeune, c'est vrai, mais je me confie en Celui qui donne du courage aux faibles, et qui sait par sa grâce rendre son joug léger.*

A ces paroles, auxquelles la candeur et l'innocence donnent un charme inexprimable, Trièce attendri relève l'enfant, l'embrasse, lui demande son pays et son nom, et, apprenant qu'il s'appelle Lié, du mot latin *lætus* qui signifie joyeux : *c'est avec raison,* lui dit-il, *qu'on vous a ainsi appelé, puisque vous prenez la vraie route qui conduit au séjour des joies éternelles.*

Enfin il le reçoit dans le monastère, lui enseigne lui-même la règle, et lui donne la tonsure de religieux.

Il est impossible de dépeindre l'allégresse qu'éprouva le saint jeune homme en se voyant au nombre des serviteurs de Jésus-Christ.

CHAPITRE II.

Ferveur de saint Lié. — Ses vertus. — Son élévation au diaconat.

Dès lors notre Bienheureux résolut de ne plus travailler qu'à sa sanctification, et de pratiquer les vertus chrétiennes de la manière la plus parfaite.

Il s'appliqua d'abord à la mortification. A voir les austérités et les pénitences auxquelles il se livrait, on aurait dit que c'était un grand pécheur. Son lit, c'était un dur plancher ou bien la terre nue ; son habit, une robe, ou plutôt un sac sous lequel il cachait un rude cilice ; sa nourriture, du pain en petite quantité ou des racines ; sa boisson ordinaire, de l'eau ; souvent même i passait des jours entiers sans boire ni manger, et, joignant la charité à la mortification, il distribuait secrètement aux pauvres ce dont il se privait. On eut beau lu représenter qu'il se livrait à des austérités excessives *Ah! mon père*, disait-il à son abbé, *j'ai offensé mon Dieu, il faut expier mes péchés par la pénitence.*

A cet esprit de mortification venait s'unir l'humilité qui lui inspirait un grand mépris pour sa personne e une haute estime pour ses frères ; il joignait une pureté angélique qu'il sut préserver de toute souillure, une patience héroïque qui lui faisait souffrir sans murmure les affronts les plus sanglants, une modestie, une douceur qui le rendaient aimable à tout le monde. Entraîné par sa ferveur, il marchait à grands pas dans les voies de la sainteté. Il passa de la sorte seize années dans ce monastère.

Après ce temps, l'abbé, frappé de l'éclat de tant de vertus, l'engagea vivement à recevoir les ordres. Saint Lié opposa d'abord une humble résistance, puis il se soumit aux désirs de Trièce. Après avoir passé par les degrés inférieurs, il fut élevé au diaconat. Désireux de remplir avec soin les fonctions de sa charge, embrasé du feu de l'amour de Dieu et des âmes, le jeune lévite allait souvent excercer son zèle au milieu des populations voisines du monastère. La force de sa prédication, jointe à la sainteté de sa vie, opérait des fruits merveilleux.

CHAPITRE III.

Épreuves de saint Lié. — Ses miracles.

Mais Dieu qui éprouve ceux qu'il aime et qui purifie les saints en les faisant passer par le creuset de l'affliction, voulut éprouver la patience et la vertu de son serviteur. Il permit que saint Lié fût en butte à la persécution et elle lui fut d'autant plus pénible qu'elle lui était suscitée par ses propres frères.

Plusieurs religieux, jaloux de sa gloire et de ses mérites, noircirent sa réputation. Ils le décrièrent même auprès de Trièce et surent si adroitement dissimuler leur envie, que l'abbé, trop crédule, se laissa surprendre par leurs artifices. Cédant à leur importunité, il envoya le saint lévite garder les troupeaux dans un désert éloigné de la maison.

Notre saint obéit sans se plaindre à l'ordre humiliant de son abbé, et même persuadé que tout concourt au bien des élus, il adora la volonté de Dieu et baisa la main qui le frappait ; il était heureux d'être entièrement séparé du commerce du monde et de pouvoir ainsi s'adonner plus complètement encore à la contemplation.

Si Dieu paraît quelquefois abandonner les siens, ce n'est que pour les exalter ensuite et les faire briller avec plus d'éclat. Il ne tarda guère à justifier son serviteur. Saint Lié n'avait jamais été à la bergerie où on l'envoyait, il en ignorait même le chemin. Il demanda un guide pour l'y conduire. L'abbé chargea de cette mission quelques-uns des religieux qui lui étaient le plus hostiles. En agissant de la sorte, Trièce était l'instrument de la Providence, qui voulait opérer des prodiges par notre héros, réprimer l'envie de ses frères, leur inspirer de meilleurs sentiments, ou du moins les couvrir de confusion. Comme ils poursuivent leur chemin par le désert, tout à coup, par un juste châtiment de la puissance divine, ils sont entourés de bêtes féroces. Saisis d'épouvante, les compagnons de Lié se mettent à crier : *Fuyons vite.* Mais notre Saint leur dit sans se troubler : *Ne craignez rien, car Dieu est assez puissant pour nous délivrer de ce danger.*

Animé d'une foi vive, Lié s'arrête calme et impassible. Tandis que ses compagnons prennent la fuite, et que les bêtes féroces vont se jeter sur eux et les dévorer. Notre Bienheureux voulant rendre le bien pour le mal, intercède en faveur de ses frères. A la rage des animaux, il s'empresse d'opposer de loin le signe de la croix, puis levant les yeux au ciel. il fait cette prière : *Seigneur qui avez délivré le prophète Daniel de la fureur des lions, et les trois jeunes hommes de la fournaise de Babylone, ayez compassion de mes frères, hâtez-vous de les secourir.*

A peine a-t-il achevé sa prière, que les bêtes, déposant leur fureur, cessent de poursuivre leur proie et, prodige étonnant! elles viennent se jeter aux pieds de l'homme de Dieu, lui demandant, pour ainsi dire, pardon d'avoir voulu dévorer ses frères.

A cette vue, ceux-ci reviennent tout tremblants auprès de leur libérateur. Saint Lié les rassure en leur faisant un accueil plein de bonté ; il les engage à mettre leur confiance en Dieu, qui ne manque jamais de secourir ceux qui l'invoquent. Puis au bout d'une heure, il commande aux bêtes féroces de se retirer dans leurs repaires (1).

Après ce prodige, Lié se remit en route avec ses compagnons, pour se rendre à la bergerie. Arrivés dans un village, ils rencontrèrent plusieurs mendiants infirmes : des boiteux, des aveugles, qui leur demandèrent l'aumône. Les religieux ne portant pas d'argent, ne pouvaient rien donner. Notre Saint, qui était pauvre des biens du monde, mais riche par son pouvoir auprès de la souveraine Majesté, leur dit comme autrefois saint Pierre au paralytique : *Je n'ai ni or ni argent à vous donner, mais au nom de Jésus-Christ, soyez guéris*. Il les toucha en faisant sur eux le signe de la croix, et les délivra tous de leurs infirmités.

Tant de merveilles avaient produit une profonde impression sur les moines qui accompagnaient le pieux lévite. D'un côté ils admiraient la puissance de sa sainteté ; de l'autre ils étaient consternés en pensant aux calomnies dont ils l'avaient chargé.

Dans leur trouble et leur confusion, ils prennent la fuite et vont redire au monastère les prodiges dont ils ont été les témoins. A ce récit, l'abbé ne peut contenir ses larmes ; il gémit d'avoir prêté l'oreille aux faux rapports, et d'avoir donné un emploi si humiliant à un si

____

(1) Ce miracle est représenté sur la grande châsse de saint Lié : on voit le Bienheureux en prière, et les bêtes féroces frappées de stupeur et d'immobilité.

grand serviteur de Dieu. Il veut réparer le mal sur le champ. Il part avec quelques-uns de ses religieux, et lorsqu'il arrive en présence de son disciple, il se prosterne à terre, et lui demande pardon de son injustice. Notre Bienheureux, de son côté, se met à genoux devant Trièce, en lui disant : *J'ai péché contre vous, pardonnez-moi.*

Il y eut alors entre le maître et le disciple un véritable combat d'humilité ; c'était à qui se reconnaîtrait le plus coupable. A la fin, saint Lié ne pouvant souffrir que son abbé restât davantage dans la posture d'un suppliant, lui dit : *Que celui-là vous pardonne, pour le nom duquel vous vous êtes humilié.* Ce bon père ayant répondu *Amen,* ils se relèvent l'un et l'autre et se donnent le baiser de paix et de réconciliation. Puis saint Lié est reconduit en triomphe à la communauté et les religieux se réjouissent de recouvrer le frère qu'ils craignaient d'avoir perdu pour jamais.

On comprend que ses miracles et sa charité eurent bien vite changé en respect et en amour pour notre Saint la haine que les envieux lui portaient.

CHAPITRE IV.

Saint Lié se retire au monastère de Micy, puis dans un désert de la Sologne, enfin dans la Forêt-aux-Loges.

Notre Saint était donc rentré dans le monastère. Mais ne pouvant supporter l'honneur que ses miracles lui attiraient de tous côtés, il demanda bientôt et obtint la permission de quitter Trièce et sa maison. Il alla s'en-

. fermer dans le monastère de Micy (1), appelé depuis de Saint-Mesmin, à quelques lieues d'Orléans.

Un grand nombre de moines vivaient dans cette communauté, sous le sage gouvernement du saint abbé Maximin. Parmi les religieux dont la vertu jetait un brillant éclat, on remarquait surtout saint Viateur, diacre, et saint Avit, prêtre et économe du monastère. Lié, chargé de la modeste fonction de portier, contracta bientôt avec Avit une étroite liaison. Les deux amis s'excitaient à la ferveur par une émulation réciproque. Mais comme leurs charges ne leur permettaient pas de se livrer à la contemplation autant qu'ils le désiraient, ils sortirent ensemble de Micy, et se retirèrent dans la Sologne, en un désert fort écarté et très-propre au dessein qu'ils avaient de rompre tout commerce avec les hommes. Ils s'y exercèrent pendant quelques années dans les pratiques de la plus austère pénitence. Saint Maximin étant mort, les religieux de Micy vinrent chercher Avit et l'élurent pour leur abbé (521). Ce fut un grand sacrifice pour saint Lié de se séparer d'un ami si vertueux ; il aurait pu retourner avec lui dans le monastère ; mais, craignant l'estime du monde, il était décidé de rester dans la solitude. Et même il ne demeura pas longtemps au désert de la Sologne. Contrarié de ne pouvoir y vivre inconnu, il quitta ce désert et alla se retirer dans le bois d'Inatoire, qui, depuis, a été appelé la Forêt-aux-Loges, de l'autre côté de la Loire, en Beauce. Là, s'étant bâti une pauvre cabane, il pratiqua dans la solitude une telle austérité, qu'il se nourrissait uniquement de ce que la terre y produisait d'elle-même ; il ne buvait que de l'eau

____

(1) Le monastère de Micy fut fondé par saint Euspice, oncle de saint Maximin. Ils vivaient tous deux du temps de Clovis Ier, qui les amena de la ville de Verdun en celle d'Orléans, et leur donna, pour lieu d'habitation, la terre de Micy.

et il n'en prenait qu'avec mesure ; sa vie était plutôt la vie d'un ange que celle d'un homme.

C'est en vain que les saints veulent se cacher ; l'éclat de leur vertu trahit le secret de leur modestie. Notre Bienheureux fut découvert par un possédé qui lui dut sa délivrance, et qui s'empressa de publier le prodige, en portant jusqu'aux nues son bienfaiteur. Le nouveau miracle du saint ermite lui attira, dans son désert, une multitude de personnes atteintes de différentes infirmités : il leur rendit la santé, quelque incurables que fussent leurs maladies. On lui apportait beaucoup de présents ; mais ne se réservant rien pour lui-même, il distribuait ou faisait tout distribuer aux pauvres qu'il guérissait, aux malheureux qui imploraient sa charité.

CHAPITRE V.

Mort de Saint Lié.

Dieu voulut enfin récompenser les mérites de son serviteur. Il lui fit connaître que l'heure de sa mort était proche, et qu'elle arriverait un dimanche, qu'il lui indiqua. Son premier abbé vivait encore ; il n'avait jamais oublié son cher disciple ; il vint alors le trouver avec plusieurs de ses religieux. A son arrivée, l'illustre solitaire lui dit : *Je vous remercie mille fois d'avoir bien voulu venir, ô vous qui m'avez enseigné la vertu, vous que je désirais voir avant de mourir. Vous avez été mon guide dans la vie religieuse ; vous m'enverrez au Ciel avant vous ; je vous précéderai dans la gloire comme Jésus-Christ a daigné me le révéler : car d'après l'avertisse-*

ment que m'a donné l'Auteur de toute sagesse, c'est dimanche prochain que doivent finir, pour moi, les combats et les épreuves de cette vie laborieuse.

Trièce ne put retenir ses larmes en entendant son ancien disciple parler de sa mort imminente. Mais le Saint, loin de s'attrister, se réjouissait dans l'espérance de posséder bientôt Celui après lequel il soupirait depuis si longtemps. Il se recommanda aux prières du supérieur et des moines, leur marqua le lieu de sa sépulture, se munit du précieux Corps et du précieux Sang de Jésus-Christ ; puis, arrivé au terme de sa carrière, il dit encore, mais d'une voix mourante : *Mon Dieu, mon âme se confond dans le souvenir de vos bontés et de vos miséricordes ; recevez-moi, s'il vous plaît, dans vos tabernacles éternels.*

Ainsi mourut notre Bienheureux, un jour de dimanche, comme il l'avait prédit, le 5 novembre de l'an 534. — L'abbé Trièce, avec ses religieux, fit les funérailles du saint Solitaire, et le mit dans un tombeau qu'il s'était lui-même préparé en son ermitage de la Forêt-aux-Loges.

DEUXIÈME PARTIE

CULTE DE SAINT LIÉ

CHAPITRE Iᵉʳ

Reliques de saint Lié.

Le tombeau, qui est si triste, si désolant pour les pé-
cheurs, pour les partisans du monde, se présente sous
un aspect bien différent pour les saints : l'éclat et la récompense de leurs vertus les accompagnent jusque dans
leur dernière demeure. Notre-Seigneur, le Chef et le
Modèle des prédestinés, veut assez souvent que ses saints,
après l'avoir imité en cette vallée de larmes, lui ressem-
blent dans une certaine mesure lorsqu'ils ont quitté l'exil
pour la patrie ; il veut que leur sépulcre, comme le sien,
soit glorieux, et que leur grandeur commence à paraître
avec un nouveau lustre au moment même où finissent
toutes les grandeurs humaines. Je ne m'étonne pas que
l'église décore leur trépas du beau nom de jour de leur
naissance. En laissant une vie mortelle et périssable, les
Bienheureux entrent en possession de la vie immortelle :
ils sont couronnés dans le Ciel pour toujours. De plus,
ils sont glorifiés sur la terre ; ils sont honorés dans la
suite des âges, même par ce monde qui les dédaignait,
les méprisait, et traitait leur sainteté de folie.

Si vous me demandiez des preuves de ce que j'avance, je vous répondrais : Voyez les tombeaux des apôtres saint Pierre et saint Paul. Humainement parlant, le premier n'était qu'un pêcheur ; le second, au milieu de ses travaux évangéliques, faisait des tentes ; et cependant tous les siècles sont allés s'agenouiller devant leur dépouille mortelle, implorer leur secours et leur protection ; et cette gloire paisible du tombeau, qui surpasse infiniment toutes les gloires bruyantes de la terre, durera autant que le monde.

Voyez encore le tombeau de sainte Geneviève ; ce n'était qu'une pauvre bergère ; néanmoins, les rois et les princes, les monarques les plus puissants sont venus tour à tour se prosterner devant ses restes précieux, solliciter des grâces par son intercession.

Je pourrais vous transporter aussi, par la pensée, auprès du sépulcre de l'humble bergère de Pibrac, sainte Germaine Cousin ; auprès du tombeau du curé d'Ars, et de tant d'autres grands serviteurs et grandes servantes de Dieu, et partout nous verrions que le Très-Haut sait entourer de gloire le sépulcre des Bienheureux.

Saint Lié ne put échapper à cette loi générale. A peine était-il descendu dans la tombe, que Dieu honora sa mémoire. Des grâces nombreuses furent accordées aux peuples qui, en visitant le lieu de sa sépulture, imploraient son intercession. Le corps de saint Lié demeura longtemps en cette terre qu'il avait sanctifiée. On y bâtit une chapelle en son honneur, et il s'y forma un village considérable qui porte encore aujourd'hui son nom (1).

Les reliques y restèrent jusqu'à ce qu'Ermenthée, quarante-huitième évêque d'Orléans, accompagné de plusieurs autres prélats, les fit transférer au château de

____

(1) Saint-Lyé, à 6 kilomètres de Neuville-aux-Bois à 17 kilomètres d'Orléans, compte une population de 728 habitants.

Pithiviers, où l'on conserva ce riche dépôt, avec une grande dévotion, dans une église collégiale destinée à son culte (1) Cette translation se fit le 6 octobre 943.

Cependant le corps de saint Lié ne resta pas toujours en entier dans cette église : la paroisse de Villedommange, près de Reims, eut le bonheur de recevoir un os de l'avant-bras de l'illustre Solitaire, et la plus grande partie de ses restes précieux furent transportés à Mohon, près de Mézières.

Avant de parler de Mohon, nous allons faire, en quelques mots, l'histoire de la chapelle de saint Lié, à Villedommange, sur la montagne, et de la relique qui s'y conserve depuis plus de quatre cents ans.

Cette chapelle est très antique. Quoique dédiée à Saint-Jean-Baptiste dès son origine, ou du moins dès l'année 830, elle s'appelait chapelle de Saint-Jean-Baptiste et de Saint-Lié et sous ce double nom elle servait d'église paroissiale à plusieurs villages voisins. Brûlée par le feu du Ciel, en 1428, elle fut rebâtie en partie telle qu'on la voit aujourd'hui. L'année suivante, étant de nouveau consacrée, elle prit spécialement le nom de Saint-Lié. Cependant jusqu'alors, elle n'avait possédé aucun des précieux restes de ce saint Religieux ; mais en 1444, Jacques Juvénal des Ursins, archevêque de Reims, accompagné de plusieurs dignitaires, déposa dans la châsse de saint Lié, la même qui se voyait encore en 1793, plusieurs reliques entre autres un bras d'argent dans lequel était renfermé un os de l'avant-bras de saint Lié. Cette relique a été soigneusement conservée pendant la grande Révolution de 1793 ; elle continue d'être honorée dans la chapelle de la montagne.

(1) Cette église, dédiée sous le nom de Saint-Georges, a été pillée, en 1558, par les Huguenots, et détruite en partie ; l'aile qui est restée debout a été distribuée en logements pour les frères qui dirigent l'école communale de Pithiviers.

Plus heureuse encore que Villedommange, la paroisse de Mohon possède la portion la plus considérable des Reliques de saint Lié ; elle fut enrichie de ce trésor pendant que l'on construisait sa belle église, c'est-à-dire dans la première partie du seizième siècle. Je ferai remarquer, en passant, qu'autrefois les édifices religieux ne s'élevaient pas aussi rapidement qu'aujourd'hui ; ils étaient quelquefois de longues années sans se terminer, et c'est pour cette raison qu'ils réunissent souvent des styles de différentes époques. Ainsi, dans l'église de Mohon, le style de la Renaissance, que l'on admire au portail, aux boiseries du sanctuaire, aux autels, est venu s'allier au gothique, qui est le style du corps de l'édifice, et qui donne tant de majesté, tant de grâce à nos monuments sacrés.

Notre église fut redevable aux largesses de la princesse de Château-Regnault, d'être bâtie dès l'origine avec magnificence, et cette même princesse, qui appartenait probablement par sa naissance au duché d'Orléans, et qui avait fait venir les Reliques de saint Lié dans son domaine, choisit l'église de Mohon pour y placer ce précieux dépôt, *parce que*, disait-elle, *c'est la plus belle des églises des terres de ma dépendance.*

Nous verrons dans les chapitres suivants, que les Reliques du Bienheureux ne tardèrent pas à être dignement honorées par une pieuse Confrérie, qui reçut l'approbation de l'Archevêché de Reims, et même du Saint-Siége, et par un pèlerinage qui attire encore une multitude de personnes. Mais auparavant, je dois satisfaire la légitime curiosité de mes lecteurs, en leur faisant connaître dans ses détails le trésor que nous possédons.

D'abord nous avons le chef de saint Lié. Il est renfermé dans un reliquaire en bois doré ayant la forme d'une tête au sommet de laquelle un verre laisse voir la précieuse relique, tandis qu'un autre verre placé à la base laisse voir une vertèbre. Autour du support de ce reliquaire, on trouve sculptée en lettres gothiques très anciennes, la pieuse invocation : *Sancte Læte ora pro nobis*. Saint Lié, priez pour nous.

Un autre reliquaire renferme une grande partie des ossements du saint ; en tout, vingt-huit. C'est une châsse assez élégamment travaillée en forme de coffre ; elle est ornée de peintures d'un certain prix qui représentent les principaux traits de la vie de saint Lié.

L'an 1882, le 9 mai, Son Excellence Mgr Langénieux, archevêque de Reims, aujourd'hui cardinal, après avoir approuvé les conclusions d'un rapport fait à ce sujet par un savant archiviste paléographe diplômé de l'école des Chartres, a déclaré authentiques toutes les reliques de saint Lié de l'église de Mohon, et a muni les reliquaires de son sceau archiépiscopal afin d'en garantir l'intégrité.

La paroisse de Mohon peut donc, à juste titre, être fière du trésor qu'elle a reçu depuis des siècles et qui, par une Providence particulière, n'a rien souffert de l'injure des temps, ni de la malice des hommes.

Quand les protestants eurent, au milieu du seizième siècle, déclaré la guerre aux saints, à leur culte et même à leurs cendres, on eut soin de soustraire les reliques de saint Lié à la profanation de ces sacrilèges ; et c'est alors que, d'après la tradition, elles furent transportées au château de Lafrancheville, où elles restèrent quelques temps ; il y a même, dans ce village, une fontaine qui a continué de s'appeler fontaine de Saint-Lié. On voyait autrefois des pèlerins s'arrêter à cette fontaine pour y puiser de l'eau.

Et quand, sur la fin du dernier siècle, nos Vandales abattaient, détruisaient tout ce que la foi de nos ancêtres entourait d'une religieuse vénération, les reliques du Bienheureux échappèrent à leur fureur. Grâce à la piété d'un certain nombre de chrétiens dévoués, elles ont été conservées, ainsi que les châsses, pendant la grande Révolution et le blocus de 1815. On a même remarqué que, durant le siége de Mézières, par une exception singulière, la maison où était déposé le chef de saint Lié n'a rien souffert des projectiles qui pleuvaient sur le village de Mohon.

CHAPITRE II

Confrérie.

Dès que les reliques de saint Lié eurent été déposées dans l'église de Mohon, elles furent entourées de la plus profonde vénération. Des chrétiens fervents se réunirent et formèrent une Confrérie dans le but d'honorer le Bienheureux et de s'exciter à l'imitation de ses vertus. D'anciens documents nous montrent que cette pieuse association existait déjà dans la première partie du seizième siècle; nous avons trouvé un extrait de ses statuts approuvés par l'archevêché de Reims, le 29 décembre 1523. Dans le milieu du siècle suivant, la Confrérie était si florissante qu'elle comptait plus de deux cents membres. Et ces membres que nous voyons inscrits d'une manière détaillée dans un registre de cette époque reculée, ne provenaient pas seulement de Mohon, du Pont-de-Pierre et de Lafrancheville, qui alors formaient une seule paroisse, mais aussi de l'intérieur de Mézières, du Pont-d'Arches, de Charleville, de Montcy et même de Sedan et autres localités.

De grandes cérémonies religieuses avaient lieu dans la belle église où reposent les restes précieux de notre puissant patron ; et même tous les ans, à la saint Cosme, on portait les reliques à Mézières : on y faisait une procession solennelle, on s'arrêtait à la chapelle Saint-Louis, au Pont-de-Pierre, et le clergé de l'illustre cité venait, avec le corps de ville, reconduire le clergé de Mohon en chantant le *Te Deum.*

Pour entretenir, pour exciter la piété des fidèles, l'Église, qui approuve, qui encourage tout ce qui est saint, tout ce qui contribue à l'édification, s'occupa de la Confrérie de Saint-Lié ; le Saint-Siége daigna lui accorder de nombreuses indulgences, comme nous allons le voir par la bulle de Paul V, donnée le 1er mars 1607.

INDULGENCES

Accordées pour toujours par Notre Saint Père le Pape Paul V, à tous les Confrères de S. Lié, suivant l'érection de la Confrérie faite en l'Eglise de Mohon près de Mézières sur la Meuse.

« Paul, Évêque, Serviteur des serviteurs de Dieu, à tous les chrétiens, qui verront ces présentes, salut et bénédictions apostoliques. Occupé sérieusement de procurer le salut du troupeau de Jésus-Christ, qui par la grâce de Dieu nous est confié malgré notre indignité, nous sommes heureux d'accorder des faveurs spirituelles, des Indulgences pour engager tous les fidèles, dont les mérites sont loin d'égaler les démérites, à exercer des œuvres pieuses et méritoires, afin que les taches de leurs péchés étant effacées par la pratique de ces bonnes œuvres, ils puissent plus facilement parvenir aux joies de la félicité éternelle. Or, nous avons appris qu'en l'église paroissiale de Mohon, près de Mézières, diocèse de Reims, il y a une Confrérie canoniquement instituée dans l'église de saint Lié et sous son invocation, laquelle est composée de chrétiens de l'un et de l'autre sexe qui, sans appartenir à aucun état ou métier particulier, s'appliquent avec ardeur à la pratique des bonnes œuvres. Afin que les membres de ladite Confrérie soient entretenus dans cette pratique des œuvres de piété et même excités de plus en plus à les exercer, afin que les autres chrétiens soient aussi engagés à entrer plus promptement dans l'association, afin que les confrères fassent de jour en jour de nouveaux progrès dans les voies du salut, afin que l'église de Mohon soit dignement révérée et fréquentée par les fidèles, et que l'on y vienne d'autant plus volontiers pour y faire ses dévotions que l'on saura devoir y être comblé de plus grandes grâces, Nous confiant en la miséricorde du Dieu Tout-Puissant et en l'autorité de ses bienheureux apôtres saint Pierre et saint Paul, Nous donnons de l'autorité apostolique et par la teneur des présentes, indulgence plénière et rémission de tous les péchés à tous les chrétiens de l'un et de l'autre sexe, qui, vraiment contrits et s'étant confessés, entreront désormais en ladite Confrérie ; et cela, le jour de leur entrée, pourvu qu'ils aient reçu le très saint Sacrement de l'Eucharistie.

« De même, nous accordons une indulgence plénière aux membres de ladite Confrérie, à l'article de la mort, pourvu que vraiment pénitents et s'étant confessés, ayant aussi communié, s'ils le peuvent commodément, ils invoquent alors le nom de Jésus, au moins de cœur, s'ils ne le peuvent de bouche.

« De même, nous accordons encore une indulgence plénière auxdits confrères qui, aussi, vraiment pénitents, s'étant confessés et ayant reçu la sainte Communion, visiteront dévotement tous les ans l'église de Mohon, le jour de la Fête de saint Lié, depuis les premières vêpres jusqu'au coucher du soleil, du jour de la fête, et qui y prieront pour la prospérité et l'exaltation de la sainte Eglise romaine et de la foi catholique, pour la conservation de la paix, la concorde et l'union entre les princes chrétiens, et pour le salut de notre Saint Père le Pape.

« De plus, nous accordons miséricordieusement en Notre Seigneur une indulgence de sept ans et sept quarantaines aux mêmes confrères, qui aussi vraiment pénitents et confessés, ayant reçu le même saint Sacrement de l'Eucharistie, visiteront dévotement tous les ans ladite église aux fêtes de la Nativité de Notre Seigneur, de l'Assomption de la Bienheureuse Vierge Marie, de tous les saints, et le lundi d'après la Résurrection de Notre Seigneur et y prieront comme nous l'avons indiqué ci-dessus ; et cette indulgence est accordée pour chacun desdits jours de fêtes.

« Enfin, nous remettons aux mêmes confrères soixante jours de pénitence enjointe, ou autrement due en quelque façon que ce soit, toutes les fois qu'ils assisteront aux messes et aux autres divins offices qui se célèbreront et réciteront en ladite église, selon la coutume ou de l'ordonnance ou en considération de la confrérie, toutes les fois qu'ils assisteront aux assemblées et congrégations publiques et particulières de cette association, en quelque lieu qu'elles se fassent, toutes les fois qu'ils feront la paix avec leurs propres ennemis ou ceux d'autrui, toutes les fois qu'ils logeront les pauvres. Ces présentes étant valables pour toujours.

« Mais si ladite confrérie est adjointe et associée, ou s'adjoint et s'associe à l'avenir à quelque grande confrérie ou lui est unie en quelque manière que ce soit, pour gagner ces indulgences et y participer, ou qu'autrement elle soit instituée en quelque sorte et manière que ce soit, nous voulons que les premières lettres, ou toute autre sur ce obtenue ne lui servent de rien, mais que dès lors et par cela même elles soient complètement nulles ; de même si à raison des choses exprimées ci-dessus quelque autre indulgence avait été concédée auxdits confrères pour toujours ou seulement pour un certain temps non encore expiré, nous voulons que ces présentes soient nulles et de nulle force et valeur.

« Donné à Rome, à Saint-Pierre, l'an de l'Incarnation de Notre Seigneur, mil six cent sept, le premier jour de mars, la deuxième année de notre pontificat.

« Signé : JACQ. MELLIUS. »

Ainsi la confrérie de Saint-Lié possède des titres glorieux. Encouragée par l'Église, enrichie de précieuses indulgences, elle était très florissante et produisait de nombreux fruits de sanctification avant la révolution de 1793. Décimée, affaiblie, presque anéantie par le malheur du temps, elle s'est insensiblement relevée de ses ruines. Depuis quelques années surtout, elle ne cesse de recevoir de nouveaux membres.

Cependant, si nous comparons le présent avec le passé, nous remarquerons plus d'une différence qui ne sera pas en faveur de notre époque; et ce que je vais dire d'une manière générale, s'applique aux confréries de Saint-Hubert, Saint-Éloi, Sainte-Barbe, etc., aussi bien qu'à la confrérie de Saint-Lié. Autrefois les membres de ces pieuses associations s'approchaient des sacrements aux grandes fêtes; aujourd'hui, il en est qui ne s'en approchent pas même à Pâques. Autrefois, l'esprit religieux animait les confrères; aujourd'hui bien qu'il reste un peu de cet esprit religieux, il y a des membres qui ne sont chrétiens que de nom. La foi s'est affaiblie, elle a laissé place à l'indifférence, au matérialisme; mais en se séparant de son Créateur, l'homme n'a trouvé que le vide et l'affliction; son cœur qui ne peut goûter de repos qu'en Dieu, est livré à l'agitation, au trouble.

Pour nous, confrères de saint Lié, nous marcherons sur les traces de notre glorieux modèle. Si nous ne sommes pas obligés de nous livrer comme lui à des austérités qui effraient notre faiblesse, nous devons au moins mortifier nos passions, accepter avec résignation les épreuves que le Ciel nous envoie, remplir les devoirs essentiels du Christianisme. Nous avons le même Dieu à servir, les mêmes grâces pour nous sanctifier; et nos intérêts les plus chers nous font un devoir d'imiter notre auguste patron. Car il n'y a de véritable grandeur, de véritable félicité, que la grandeur et la félicité qui s'attachent à la sainteté, à la vertu.

Du temps où vivait notre Bienheureux, on voyait dans le monde de riches, de puissants personnages, et maintenant, ensevelis dans la poussière du tombeau, ils sont complètement oubliés.

Saint Lié n'était qu'un pauvre religieux; mais comme il pratiquait avec ferveur les préceptes et les conseils évangéliques, il était puissant en miracles et en vertus; il sera honoré jusqu'à la fin des siècles; il sera honoré dans l'éternité, à tout jamais; et même ici-bas il jouit d'une certaine gloire dans le culte rendu à ses reliques et dans son pèlerinage.

CHAPITRE III

Pèlerinage.

Nous arrivons à un chapitre qui a, pour la plupart des lecteurs, une importance capitale. Ma notice est écrite particulièrement pour les personnes qui viennent en si grand nombre prier devant les Reliques de notre glorieux patron; je dois, par conséquent, leur parler du pèlerinage de saint Lié; mais je crois qu'il est utile d'entrer, auparavant, dans quelques détails sur les pèlerinages en général.

§ 1er. — Pèlerinages en général

Et d'abord, qu'est-ce qu'un pèlerinage ? C'est un voyage de dévotion entrepris pour visiter un lieu célèbre au point de vue religieux. Un tel voyage n'a rien que de juste et de rationnel. *La dévotion des pèlerinages*, dit M. Michaud en son histoire des Croisades, *a été encouragée dans toutes les religions ; elle tient d'ailleurs à un sentiment naturel à l'homme. Si la vue d'une terre qu'ont habitée des héros et des sages, réveille en nous de touchants et nobles souvenirs ; si l'âme du philosophe se trouve émue à l'aspect des ruines de Babylone ou d'Athènes, quelle vive émotion ne devaient pas éprouver les chrétiens en voyant les lieux que Dieu avait sanctifiés par sa présence ou par ses bienfaits ?*

Les premiers pèlerins du Christianisme se dirigèrent avec empressement vers cette terre sacrée que le Rédempteur des hommes sanctifia par sa naissance, sa vie, ses souffrances et sa mort. Bientôt les sanctuaires privilégiés de la Mère de Dieu, ainsi que les tombeaux des Apôtres et des plus illustres Martyrs, attirèrent une foule de pieux visiteurs. Avec le temps, les pèlerinages se multiplièrent, soit en l'honneur de la Reine du Ciel, soit en l'honneur des Bienheureux. Et même de nos jours, ces lieux de dévotion sont encore très fréquentés : on ne pourrait dire le nombre de personnes qui se rendent à Lorette, à La Salette, à Lourdes, et sans aller si loin, à Liesse, à Neuvizy, Saint-Walfroy, Saint-Hubert, Attigny, Mohon. Nos prétendus philosophes ont beau crier au fanatisme, à la superstition, le sentiment religieux, plus fort que les clameurs de l'impiété, amène dans certains sanctuaires une foule de riches et de pauvres, de grands et de petits, de savants et d'ignorants. Tant qu'il y aura des souffrances physiques ou morales, les hommes auront recours au grand Médecin, à Celui qui dispose en Maître Souverain de la santé et de la maladie, de la vie et de la mort.

Bien que le Seigneur nous recommande d'honorer les médecins de la terre et de recourir à leur art, il permet que certains maux résistent à leurs soins et à l'efficacité de leurs remèdes, et ne trouvent de guérison que dans les remèdes surnaturels. Dieu agit de la sorte pour des raisons dignes de sa sagesse infinie.

Pendant les trois années de sa vie publique, Notre Sauveur guérissait les malades, ressuscitait les morts, multipliait les prodiges sous chacun de ses pas, et donnait par là des preuves frappantes de sa divinité. Avant de remonter au Ciel, il daigna communiquer à ses apôtres et à ses disciples le pouvoir d'opérer des miracles, et en particulier des guérisons merveilleuses. *Ceux qui croiront en moi*, dit-il, *imposeront les mains sur les malades, et les malades recouvreront la santé*. Les miracles étaient, dans les vues de la Providence, les moyens les plus efficaces pour attester la divine mission des envoyés évangéliques.

Quand l'Eglise fut fondée et que la Croix, victorieuse de l'enfer et des tyrans, eut soumis à son joug le monde entier, les prodiges devinrent moins nécessaires ; ils diminuèrent peu à peu. Cependant, pour manifester la gloire de ses plus grands serviteurs, Dieu a bien voulu leur accorder le pouvoir de faire des prodiges, d'opérer des guérisons merveilleuses pendant leur vie et quelque temps après leur mort, jusqu'à ce que leur sainteté fut reconnue. Et même parmi les Bienheureux, il en est qui ont continué d'exercer leur puissante protection et de délivrer les hommes des maux corporels, aussi bien que des infirmités spirituelles.

Et comme pendant les jours de leur mortalité ils avaient différentes missions : Saint François Xavier, par exemple, était appelé à la conversion des idolâtres, saint François de Sales à celle des hérétiques, saint Vincent de Paul à la réforme de l'Eglise et au soulagement des différentes misères : ainsi les Bienheureux parvenus à la gloire ont leurs missions spéciales : Saint Hubert guérit de la rage ; saint Roch de la peste ; saint Méen des dartres ; saint Walfroy des rhumatismes et autres humeurs froides. De plus, les saints opèrent leurs guérisons plutôt dans un lieu que dans un autre ; ils ont leurs sanctuaires privilégiés, et c'est là qu'on est plus certain d'être exaucé. — Marie comble ses enfants de faveurs singulières à Lorette, à La Salette, à Lourdes, à Notre-Dames-des-Victoires, à Neuvizy ; — saint Walfroy fait sentir sa puissance sur la montagne qui porte son nom ; — saint Lié à Mohon et à Villedommange. Ainsi le veut le Très-Haut ; et si vous me demandez pourquoi il a trouvé bon que la piété des peuples établît çà et là des pèlerinages sur la face du globe, je vous répondrai qu'il doit avoir pour but, non-seulement d'exercer sa miséricorde, mais aussi de conserver, d'entretenir la foi au milieu des populations, en leur rappelant qu'il y a un autre monde que le monde visible, et en les empêchant de tomber dans le matérialisme. Les pèlerinages n'ont donc rien que de légitime.

Mais comment faut-il faire ces voyages de dévotion ?

En général, nous devons les faire plutôt par nous-mêmes que par d'autres ; le bon Dieu, ou le saint auquel il a délégué sa puissance, se laisse attendrir par les humbles démarches, les supplications d'un pèlerin qui vient en personne demander quelque grâce spirituelle ou temporelle. Nous pourrions aussi envoyer quelque membre de nos familles et même des étrangers qui auraient de la religion ; mais gardons-nous bien de confier une telle mission à ces étrangers, ces mercenaires, ces faiseurs de pèlerinages, ces vendeuses de neuvaines, qui font, quelquefois, un horrible trafic des choses saintes. Et rappelons-nous que les prières ne se paient pas; l'argent que nous donnons doit être considéré comme une aumône, ou bien comme une indemnité pour les frais de voyage et le temps passé dans la prière.

Je n'entrerai pas dans de longs détails sur les dispositions requises pour bien faire un pèlerinage. Le pèlerinage étant une grande supplication, doit revêtir les mêmes qualités que toutes les prières. Les personnes qui entreprennent ces pieux voyages doivent avoir une intention droite, vraiment chrétienne, et pour cela elles ne demanderont pas aux saints des grâces purement temporelles, sans s'inquiéter de leur salut; elles ne solliciteront la guérison du corps qu'autant qu'elle ne nuira pas au bien de l'âme; elles se rappelleront qu'avant tout il faut chercher le royaume de Dieu et sa justice.

Il est à désirer que les pèlerins soient en état de grâce pour retirer tous les fruits de leurs religieuses démarches, et l'on ne saurait trop leur recommander la confession et la communion, en ajoutant toutefois qu'il vaut mieux ne pas s'approcher des sacrements que de le faire sans dispositions, d'une manière indigne.

A la droiture d'intention, à la pureté du cœur, les pèlerins joindront une confiance entière; les saints auxquels ils s'adressent ont un grand pouvoir auprès du Dieu infiniment bon. Leur confiance sera d'autant plus agréable à notre Père céleste, qu'ils l'accompagneront d'une profonde humilité, du sentiment de leur misère et de leur bassesse. Si leur première demande n'est pas exaucée, ils continueront de prier, ils persévèreront tant qu'ils n'auront pas obtenu la grâce désirée. Cependant, comme Dieu juge quelquefois à propos de nous refuser certaines faveurs, pour notre plus grand bien, tout en suppliant le Seigneur de nous secourir, nous dirons comme notre divin Modèle au jardin des Olives : *S'il est*

*possible, que ce calice s'éloigne de moi, mais que la
volonté de Dieu se fasse et non la mienne.*

Je ferai observer aux pèlerins, qu'en venant dans nos
églises pour s'adresser aux saints, ils ne doivent pas
oublier de rendre d'abord leurs hommages à Notre-
Seigneur Jésus-Christ, qui réside dans ses tabernacles,
qui seul a le pouvoir de guérir, et sans qui les saints
n'auraient aucune vertu; ils n'oublieront pas non plus
d'invoquer l'auguste Reine du Ciel, la très méricordieuse
Marie; et s'ils ont dû éviter la légèreté, la dissipation
dans le voyage, ils les éviteront, à plus forte raison, dans
le temple sacré.

Je leur ferai aussi observer qu'en recourant aux
remèdes surnaturels, ils ne doivent pas négliger les
remèdes naturels. Ces remèdes naturels ont aussi pour
auteur le bon Dieu, qui par conséquent peut les bénir en
considération de nos prières, et leur donner la vertu de
guérir nos infirmités.

Après cette dissertation générale, il nous reste à parler
du pèlerinage de Saint-Lié en particulier.

§ 2. — Pèlerinage de Saint-Lié.

Le pèlerinage de Saint-Lié, à Mohon (1), est certainement un des pèlerinages les plus anciens et les plus fréquentés. Il y a déjà des siècles, que ses reliques reposent
dans l'église de cette paroisse; il y a déjà des siècles qu'à
certains jours, les populations accourent en foule de toutes

(1) Il y a aussi un pèlerinage de Saint-Lié à Villedommange, près de
Reims; le lundi de Pâques et le lundi de la Pentecôte, on vient en
foule à la chapelle dont nous avons parlé précédemment. — Le même
pèlerinage existe encore dans la paroisse de Saint-Lyé (diocèse d'Orléans),
qui s'est formée autour du tombeau de l'illustre solitaire.

parts pour obtenir des grâces auprès des restes précieux de ce grand saint. Maintenant encore, malgré le froid de l'indifférence qui glace tant de cœurs, on voit, le Lundi de Pâques et le Lundi de la Pentecôte surtout, des multitudes de personnes qui viennent implorer l'assistance de saint Lié ; et même il se passe peu de dimanches, je pourrais dire peu de jours, où l'on n'aperçoive quelque pèlerin.

Comment expliquer un tel concours ? Par une grande confiance en notre glorieux patron. Et d'où a pu naître cette confiance ? Des grâces nombreuses obtenues par sa puissante intercession. On a vu apporter à Mohon des enfants qui étaient faibles, languissants, incapables de marcher, et qui, soudain, étaient guéris de leurs infirmités. Je pourrais rapporter ici plusieurs exemples de ces grâces extraordinaires, mais, ne voulant pas donner trop d'étendue à ma Notice, je me contenterai de mettre sous les yeux de mes lecteurs quelques spécimens de ces guérisons merveilleuses.

Une jeune fille, des environs de Sedan, était depuis deux années réduite à un état désespéré : une effrayante paralysie enchaînait ses membres et même son intelligence : elle ne pouvait faire un pas ni proférer une parole. Ses parents l'amenèrent au pèlerinage de saint Lié ; et lorsqu'ils eurent récité quelques prières, l'enfant demanda tout-à-coup à descendre des bras de son parrain, qui la portait ; elle parla franchement, elle se mit à marcher seule : elle avait recouvré l'usage de ses membres et de toutes ses facultés. Plusieurs habitants de Mohon peuvent attester le prodige : ils avaient vu la jeune fille avant qu'on l'eût introduite à l'église, ils la virent quand elle en fut sortie. Impossible de dépeindre leur admiration devant un tel changement.

La personne qui a été l'objet de cette faveur n'a cessé de se rendre chaque année au pèlerinage de saint Lié, pour témoigner sa reconnaissance à son bienfaiteur. Car il ne faut pas croire que l'on vienne à Mohon seulement pour solliciter des faveurs : beaucoup de pèlerins y viennent pour remercier notre Bienheureux des grâces précieuses dont ils lui sont redevables.

En 1886, une personne des environs de Verdun venait exprès remercier saint Lié, avec sa jeune fille, pour la guérison que celle-ci avait obtenue au bout d'une neuvaine après avoir été abandonnée des médecins qui l'avaient soignée pendant deux ans.

La même année, une jeune personne des environs de Rethel, soignée inutilement par les hommes de la science, obtenait sa guérison pendant la neuvaine qui se fit après le pèlerinage de sa mère.

Nous avons dit précédemment que les saints auxquels Dieu accorde le pouvoir d'opérer des guérisons miraculeuses ont chacun leur mission : on voit que saint Lié a pour mission spéciale de protéger les enfants, de secourir ceux qui sont maladifs, languissants, et, certes, sa part n'est pas la moins belle.

Le divin Sauveur avait une prédilection toute particulière pour le jeune âge : *Laissez venir à moi les petits enfants*, disait-il ; *gardez-vous de les repousser.* Et le bon Jésus les comblait de caresses et de bénédictions.

Saint Lié semble tenir le même langage et nous recommander de *laisser les petits enfants venir à lui*, parce qu'il veut leur prodiguer ses faveurs, les prendre sous sa protection, les délivrer de leurs infirmités. — *Ne les empêchez pas*, ajoute-t-il, *de se présenter devant mes reliques, sous prétexte que leurs cris ne conviennent pas dans le temple du Seigneur. Il est vrai que le bruit de ces mille voix confuses ne serait pas toléré dans les solennités ordinaires, mais il n'a rien que de légitime dans ces jours consacrés à mon pèlerinage ; je demande seulement que les parents et tous les fidèles raisonnables s'adressent à moi dans les sentiments d'une tendre dévotion, et qu'en implorant mon assistance pour des grâces temporelles, ils n'oublient pas leurs intérêts éternels.*

Toutes les personnes qui seront venues à Mohon un Lundi de Pâques et surtout un Lundi de Pentecôte, auront sans doute remarqué que nulle part, même dans les sanctuaires les plus fréquentés, on ne voit une multitude d'enfants comme à notre pèlerinage. Il n'est pas à dire, cependant que saint Lié n'obtienne aussi de puissants secours aux grandes personnes, l'expérience prouve le contraire ; mais il n'en est pas moins vrai que le jeune âge est l'objet privilégié de sa tendresse.

Notre Bienheureux est encore le patron des laboureurs et des bergers. Ce titre n'a rien que de naturel, puisque le saint appartenait à une famille de cultivateurs, et qu'il a lui-même gardé les troupeaux. Nous voyons de temps en temps des pèlerins qui viennent le conjurer de bénir leurs bergeries, leurs récoltes, et quelquefois ils éprouvent d'une manière bien sensible les effets de sa puissante intercession.

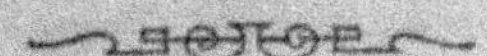

NEUVAINE A SAINT LIÉ

Réciter l'hymne des Premières Vêpres (page 39).

O bienheureux saint Lié, si du haut du Ciel vous êtes touché des maux qui nous affligent, abaissez vos regards sur vos serviteurs, ne méprisez pas votre peuple et faites qu'il marche à votre suite dans la pratique des vertus.

℣. Priez pour nous, Bienheureux saint Lié,

℟. Afin que nous devenions dignes des promesses de Jésus-Christ.

ORAISON

Seigneur, écoutez favorablement les supplications que nous vous adressons en l'honneur de votre Confesseur, le Bienheureux saint Lié, afin que, ne mettant pas notre confiance dans notre justice, nous soyons secourus par les prières de Celui qui a été agréable à Votre Divine Majesté. Nous vous prions par Notre Seigneur Jésus-Christ. — Ainsi soit-il.

(Cent jours d'indulgences ont été accordées à cette prière par Monseigneur le Cardinal Langénieux.)

NOTRE PÈRE... — JE VOUS SALUE, MARIE...

Souvenez-vous, ô très pieuse Vierge Marie, qu'on n'a jamais entendu dire qu'aucun de ceux qui ont eu recours à votre protection, imploré votre secours et demandé vos suffrages, ait été abandonné. Animé d'une pareille confiance, ô Vierge, Mère des Vierges, je cours, je viens à vous, et gémissant en votre présence sous le poids de mes péchés, je me prosterne à vos pieds. O Mère du Verbe, ne méprisez pas mes prières, mais écoutez-les favorablement et daignez les exaucer. — Ainsi soit-il.

(Trois cents jours d'indulgences.)

APPENDICE

—

HYMNES ET PROSES

EXTRAITES DE L'ANCIEN OFFICE DE SAINT LIÉ (1)

HYMNE DES PREMIÈRES VÊPRES

Lætus è terris rapitur caducis :
Festa dùm Cœli fremit aula plausu,
Nos simùl junctis celebremus
    hymnis
Astra petentem.

Saint Lié est enlevé de cette terre périssable : tandis que la Cour du Ciel célèbre son triomphe avec des transports de joie ; nous aussi, chantons sa gloire en nous unissant aux concerts des Bienheureux.

Vix puer primis adolevit annis,
Jàm Deum. spretis reliquis amabat,
Jàm piis sacras lacrymis rigabat
Sæpiùs aras.

A peine fut-il sorti de sa première enfance, qu'il fit paraître son grand amour pour Dieu en méprisant tout le reste ; on le voyait déjà prier aux pieds des autels et les arroser de ses larmes.

Sa vertu croissant de jour en jour, il abandonna sa maison et ses parents, afin de se délivrer des soins et des embarras du monde, et de ne servir que Jésus-Christ.

Vera dùm crevit simul aucta
    virtus,
Et domum linquit, simul et pa-
    rentes,
Liber ut curis strepituque, Christo
Serviat uni.
Mox domo sanctà juvenis re-
    ceptus,
Sub jugo sensus subigit severo :
Hinc inardescunt calefacta puris
Pectora flammis.

Alors ce saint jeune homme, étant reçu dans un monastère, mortifia ses sens sous le joug d'une règle austère ; en même temps son cœur s'embrasa des pures flammes de l'amour divin.

---

(1) J'ai cru devoir reproduire ces hymnes et ces proses, parce qu'elles renferment de très beaux sentiments, et qu'on peut les lire, les méditer avec fruit.

Invidi ! quò vos malus urget
  ardor ?
Pellitis sanctâ procul æde sanctum,
Cedit, et muto pecori præesse
Jussus obedit.

At feræ silvâ simùl ex profundâ
Prodeunt magno fremitu, vorentque
Invidos, Lætus prece ni potenti
Parcere cogat.

Arctius vitæ placet institutum,
Sanctius claustrum , duce Maxi-
      mino
Intrat, ut notos simùl et sequacem
Vitet honorem.

Quin et afflatu monitus superno,
Intimos silvæ penetrat recessus,
Abdito testis Deus et magister
Sufficit unus.

Summa laus Patri, genitoque
  Verbo,
Nec tibi dispar utriusque semper
Spiritus, qui dat fugitiva sæcli
Spernere dona.
  Amen.

Mais, ô frères envieux ! où vous porte votre jalousie ? Vous le chassez loin de cette sainte maison ; pour lui, il ne fait pas de résistance, il obéit, et va garder les troupeaux.

Mais bientôt des bêtes féroces sortent du fond d'une forêt avec grand bruit, et auraient dévoré ces envieux si saint Lié, par ses puissantes prières, ne les eût forcées d'épargner ses frères.

Il résolut de mener une vie encore plus austère ; pour fuir plus facilement ses amis et les honneurs qu'on voulait lui rendre, il se retira dans lune maison où l'on suivait une règle plus parfaite sous le gouvernement de Saint-Maximin.

Dieu lui inspira même de s'avancer profondément dans la forêt ; et là, s'étant caché entièrement, il ne voulut avoir que Dieu pour maître et pour témoin.

Rendons la plus grande gloire à Dieu le Père, de même qu'au Fils et au Saint-Esprit qui inspire aux élus le mépris des faux biens de ce monde.

Ainsi soit-il.

HYMNE DES SECONDES VÊPRES

Quis locos tecum penetret si-
  lentes ?
Antra quis cogat recitare duros,
Qui tibi tantam peperère pacem,
Læte, labores ?

Quanta quàm vili pretio parâsti !
Quot bonis terra frueris relictâ !
Centuplum reddit Deus, et perennes
Spondet honores.

Qui pourrait , ô grand Saint, pénétrer dans ces lieux retirés où vous vous êtes caché; qui pourrait faire redire aux autres par quels travaux vous vous êtes procuré une si grande paix ?

Quels trésors vous avez obtenus pour un si faible prix ! de quels biens vous jouissez après avoir quitté tout ce que vous aviez sur la terre ! Dieu vous rend le centuple et vous promet une gloire éternelle.

Quò magis corpus teris absti-
nendo,
Hoc cibo mentem meliore pascis,
Angelis gaudes sociis, Deusque
Maxima merces.

Hùc ades si quem mala febris
urit,
Si furens tentat, cruciatve dæmon,
Si qua vis linguæ, pedis auriumve
Impedit usum.

Efficax tristes removere morbos,
Et potens duræ dare jura morti,
Vota sic sancti Deus audit, unus
Sublevat omnes.

Lætus, ô mortem nimiùm bea-
tam !
Exitum præscit ; pia turba fratrum
Luget, hic gaudet toliès petitum
Scandere Cœlum.

E polo si te mala nostra tan-
gunt,
Læte, nùnc terras humiles tuere,
Nec tuam quæ te studet æmulari,
Despice plebem.

Summa laus Patri, genitoque
Verbo,
Nec tibi dispar utriusque semper
Spiritus, qui das fugitiva sæcli
Spernere dona.
Amen.

Plus vous assujettissez votre corps par le jeûne, plus vous donnez à votre âme une nourriture excellente ; vous jouissez de la société des anges, et Dieu même est votre grande récompense.

Vous êtes toujours prêt à soulager les affligés : ceux qu'une fièvre ardente dévore, ceux qui sont cruellement tourmentés ou tentés par le démon, aussi bien que les muets, les sourds, les paralytiques.

Vous avez le pouvoir de dissiper les maladies les plus fâcheuses, et même de commander à l'impitoyable mort. Dieu exauce tellement les prières de son serviteur que seul il secourt tous ceux qui l'invoquent.

Saint Lié prévoit l'heure de sa mort : ô mort infiniment heureuse ! ses frères assemblés autour de lui fondent en larmes ; mais pour lui, il se réjouit de se voir près de monter au Ciel, qu'il désire depuis si longtemps.

Si du haut des Cieux vous êtes touché des maux qui nous affligent, regardez sur la terre vos humbles serviteurs, et ne méprisez pas votre peuple qui désire imiter vos vertus.

Rendons une souveraine gloire à Dieu le Père, de même qu'au Fils et au Saint-Esprit, qui inspire aux élus le mépris des faux biens du monde.

Ainsi soit-il.

PROSE DE LA FÊTE SOLENNELLE

(5 novembre)

Cuncta linquentibus,
Ut ad te veniant,
Et te sequentibus,
Donec perveniant,
Quid, Christe, dabitur?
Quàm multo fœnore
Redduntur perdita !
Quàm brevi tempore
In arctà semità
Cor latum graditur.
Spei subsidium
Quæ nondùm cernitur
Jàm intus gaudium
Præsens diffunditur
Inter angustias.
Suffectus omnibus
Est Deus melior,
Offert fragilibus
Leves benignior
Secum delicias.
Scelus in urbibus
Et cædes cernitur ;
Procul à civibus
Pax alma colitur
Et innocentia.
Non est communio
E carnis vinculis.
Æqua consortio
Quo Dei famulis
Stat amicitia.
O vitæ cœlicæ
Pulchram imaginem !
Hic est angelicæ
Cohortis ordinem
Et pacem cernere.
Non mei frigidum
Et tui nomen est,
Non lis, non lividum
Tàm sacro lumen est
Conjunctis fœdere
Valentes humeri
Pondus gestantium ;

Quelle récompense, Seigneur Jésus, donnez-vous à ceux qui laissent tout pour vous suivre, et qui s'attachent à vous, jusqu'à ce qu'ils parviennent à vous posséder ?

Vous payez leurs sacrifices avec usure, vous les faites marcher rapidement et de grand cœur dans la voie étroite qui conduit au Ciel.

L'attente des biens invisibles les pénètre dès cette vie d'une joie intérieure qui les soutient au milieu de leurs peines.

Dieu qui est leur tout, le plus tendre objet de leur amour, se communique libéralement à eux avec ses charmantes délices.

Dans les villes, on ne voit que crimes et violences ; loin du monde habitent l'innocence et la paix.

Les liens du sang ont moins de force et de douceur que la charité qui unit les serviteurs de Dieu.

O belle image de la vie céleste ! on voit parmi eux l'ordre et la paix qui règnent dans la société des anges.

Nulle contestation d'intérêt, nulle division, nulle jalousie ne troublent une si sainte union.

Tous portent le fardeau avec courage ; pour en alléger le poids,

Ut ne sit oneri
Portat dimidium,
Qui præest facilis
  Lenis imperium
Gubernat caritas,
Ad magisterium
Viam humilitas
Cùm stravit docilis.
  In solitudine
Æstus volentium,
In multitudine
Nisus currentium
Nil dabunt assequi.
  A tuâ gratiâ
Est quidquid possumus ;
Das velle grandia,
Per te quæ volumus,
Deus, da consequi.
  Amen.

le supérieur, plein de bonté, le partage avec eux.

Une tendre charité accompagne le commandement, parce que le supérieur est arrivé à sa dignité par l'humilité et l'obéissance.

Ni l'ardeur de nos désirs dans la retraite, ni nos efforts empressés dans le monde ne nous conduisent au terme du bonheur.

C'est de votre grâce, ô mon Dieu, que vient toute notre force ; c'est vous qui nous donnez le désir de la perfection ; comblez vous-même les vœux que vous nous inspirez.
Ainsi soit-il.

PROSE POUR LA FÊTE DE LA TRANSLATION
DE SAINT LIÉ

(2 janvier)

Immortalis in spem vitæ,
Homines exurgite,
Vitæ vana perituræ
Gaudia contemnite
  Nec sanctorum membris parcit,
Imperans mors omnibus,
Manus inter mortis servat
Quæ vult ossa Dominus.

  Mortis ictum prævertentes,
Sancti carnem atterunt,
Durâ premunt servitute
Membra morti debita.

  Si necessum aliquandò,
Cùr non modò demori !
In favillas quod abibit,
Corpori quid parcimus ?

O hommes, soyez animés par l'espérance de la vie immortelle ; méprisez les folles joies de cette vie périssable.
La mort, à laquelle tout est soumis, n'épargne pas les membres précieux des saints ; cependant entre les mains de la mort le Seigneur conserve leurs ossements comme il lui plaît.
Pour prévenir le coup de la mort, les saints crucifient leur chair ; ils réduisent à un dur esclavage des membres qui sont destinés au trépas.
Puisque nous devons mourir un jour, pourquoi ne pas mourir dès à présent à nous-mêmes ? Pourquoi cherchons-nous à ménager un corps qui doit se tourner en cendres ?

Ne te mori, ne te corpus
Castigare pigeat ;
Mortis prædam veneraris,
Ossa sicca, pulverem.

Immò Christi membra sunt hæc,
Sunt hæc vasa gloriæ,
In his immortalitatis
Colit fides semina.

Cœlo secum triumphantes
Qui locavit animas, suæ
Christus in hæc ossa
Vitæ mittet spiritum.

Quin et vitæ sint jàm licèt
Et virtutis vacua,
Hinc vitalis virtus exit,
Quam Deus suppeditat.

His torquentur visis statim,
Et fugantur dæmones ;
Horum tactu morbi cedunt.
Reviviscunt mortui.

Quos Rex jubet honorari,
Honorari sic decet ;
Redit Deo Dei servis
Quod honoris exhibes.

Sanctitatis Deus auctor
Et sanctorum gloriæ ;
Da quos cultu veneramur
Imitando colere.

Quam speramus, amor vitæ.
Det præsentem spernere,
E contemptu vitæ brevis,
Crescat spes perpetuæ.
   Amen.

Ne craignez point de mourir et de mortifier votre chair ; le corps que vous idolâtrez deviendra la proie de la mort, ne sera plus que des ossements arides, de la poussière.

Mais, que dis-je ? ces membres sont ceux de Jésus-Christ ; ce sont des vases destinés à la gloire : la foi honore dans ces précieux restes le germe de l'immortalité.

Le Christ, qui a placé avec lui dans le Ciel les âmes triomphantes, ranimera ces ossements, et leur donnera une vie nouvelle en les faisant participer à la sienne.

Et quoiqu'ils soient maintenant privés de sentiment et de vertu par eux-mêmes, Dieu leur donne une vertu surnaturelle qui opère les plus grandes merveilles.

A leur vue, les démons tourmentés prennent la fuite ; les maladies cèdent à leur attouchement ; les morts même ressuscitent.

Il est donc juste de rendre nos hommages à ceux que le souverain Roi ordonne d'honorer ; l'honneur que nous rendons aux serviteurs de Dieu rejaillit sur lui.

O Dieu, auteur de la sainteté et de la gloire des bienheureux, faites que nous les honorions en imitant leurs vertus.

Que l'amour de la vie future nous fasse mépriser la vie présente, et que le mépris de cette vie passagère augmente en nous l'espérance de la vie éternelle.

Ainsi soit-il.

TABLE DES MATIÈRES

Pages

PRÉFACE.. 3

PREMIÈRE PARTIE

VIE DE SAINT LIÉ

CHAPITRE Ier. — Naissance de saint Lié. — Son enfance. —
Son entrée dans un monastère............................... 9

CHAPITRE II. — Ferveur de saint Lié. — Ses vertus. — Son
élévation au diaconat...................................... 11

CHAPITRE III. — Épreuves de saint Lié. — Ses miracles...... 12

CHAPITRE IV. — Saint Lié se retire au monastère de Micy, puis
dans un désert de la Sologne, enfin dans la Forêt-aux-Loges 15

CHAPITRE V. — Mort de saint Lié........................... 17

DEUXIÈME PARTIE

CULTE DE SAINT LIÉ

CHAPITRE Ier. — Reliques de saint Lié...................... 19

CHAPITRE II. — Confrérie.................................. 24

CHAPITRE III. — Pèlerinage................................ 29

§ 1er. — Pèlerinages en général........................ 30

§ 2. — Pèlerinage de saint Lié......................... 34

NEUVAINE A SAINT LIÉ..................................... 38

APPENDICE

HYMNES ET PROSES extraites de l'ancien office de saint Lié... 39